中外文稀有版本文献

《哥达纲领批判》

③

哥达纲领批评

【德】卡尔·马克思◎著
李春蕃◎译

中央编译出版社
CCTP Central Compilation & Translation Press

前 言

《哥达纲领批判》写于1875年4月至5月初，是科学社会主义的重要文献，包括马克思的《德国工人党纲领批注》和他在1875年5月5日写给威·白拉克（即爱森纳赫派的领导）的信。马克思在这部著作中逐条批判了纲领草案中的拉萨尔主义观点，阐述了科学社会主义的基本原理，丰富和发展了科学社会主义理论。《哥达纲领批判》在马克思生前没有公开发表。1891年，恩格斯将这一著作作了某些删节后首次发表在1891年《新时代》杂志第1卷第18期，并写了序言。

《哥达纲领批判》在中国的传播始于中国共产党成立前后。1921年6月1日，《新青年》第9卷第2号载李达《马克思派社会主义》一文，译载《哥达纲领批判》中一段："由资本主义社会移到社会主义社会的中间，有一个政治的过度时期。这政治的过度时期，就是劳动专政。"1921年7月1日，陈独秀在《新青年》第9卷第3号发表《社会主义批评（在广州公立法政学校讲演）》一文，在谈到"无产阶级专政"时，引用《哥达纲领批判》中的一句话："在资本主义的社会和共产主义的社会底中间，有一个由这面推移则那面的革命的变形的时期。而这个时期，政治上的过渡时代就为必要。这个政治上的过渡时代，不外是无产阶级底革命的独裁政治。"1921年8月14日，施存统在《新青年》第9卷第4号发表《马克思底共产主义》一文，译载《哥达纲领批判》相关内容："从资本主义社会推移到社会主义底中间，必须经过一个革命的变形时期。同这个革命的变形时期相适应的，有一个政治上的过渡期。

这个政治上的过渡期，就是无产阶级革命的独裁政治。”1922年1月15日，中国社会主义青年团发行的机关刊物《先驱》创刊号刊载重远（即邓中夏）《共产主义与无政府主义》一文，对《哥达纲领批判》的部分内容进行简要介绍。1922年7月1日《新青年》第9卷第6号刊载贝尔著、赭选翻译的《马克思学说之两节》一文，介绍了《哥达纲领批判》中的部分内容：“权利是不能超出社会的经济构造与为经济构造所定限的文化发展以上的。”“所以一个出产者那时所能收回的正是他所予于社会的，扣减去为政府、教育、以及别的社会所负担所用之数。……平等乃在统通，对于所有一切一人，都用劳动作度量标注。”可以看出，早期革命者十分关注马克思关于国家的基本观点、共产主义社会发展的阶段、无产阶级实现社会主义的正确途径、过渡时期的无产阶级专政等革命性问题。

《哥达纲领批判》第一个中文全译本由熊得山翻译，于1922年发表在北京《今日》月刊第1卷第4号“马克斯特号”第9—35页，文前有译者附记。此后，马克思主义研究会于1923年5月5日出版单行本，书前有译者写的《小引》。第二个中文全译本由李达翻译，载1923年4月10日湖南自修大学出版的《新时代》第1卷第1号第1—28页，篇名为《德国劳动党纲领栏外批评》。第三个中文全译本由彭学霈翻译，载1925年5月上海的《学灯》第7卷第5册第9、12—15号，篇名为《德意志劳动党纲领批评》，包括恩格斯序言、马克思给白拉克的信、德国社会主义工人党纲领（哥达通过），以及译者写于1924年12月15日的序言。第四个中文全译本由李春蕃（柯柏年）译，上海解放丛书社1925年8月出版，书名为《哥达纲领批评》，封面印有“解放丛书第一种”字样。本书包括恩格斯的序言、马克思给威·白拉克的信，以及对德国工人党纲领的几点意见，书后附注12条。第五个中文全译本由李一氓翻译，载1930年2月上海社会科学研究会出版的《马克思论文选择》，篇名为《哥达纲领批评》，包括恩格斯序言、马克思给威·白拉克的信，以及对德国工人党纲领的几点意见，文后有注释13条。第六个中文全译本由何思敬、徐冰合译，1939年12月解放社出版，封面印有“马恩丛书10”，内容包括：对德国工人党纲领的几点意见、恩格斯给奥·倍倍尔的信（1875年3月18—28日）、马克思给威·白拉克的信（1875年5月5日）、恩格斯给威·白拉克的信（1875年10月11日）、恩格斯给奥·倍倍尔的信（1875年10月12日）、恩格斯的序言、恩格斯给卡·考茨基的信（1891年2月23日），以及列宁在《马克思主义论国家》和《国家与革命》中的有关摘录，文后附有注释。可以看出，《哥达纲领批判》在中国传播的艰辛历程，它在每一革命时期，都受到大量关注。

中华人民共和国成立后的一段时间内，因《哥达纲领批判》新译本尚未出现，市面上流通的版本为何思敬、徐冰译本。1964年9月，由中央编译局翻译的《哥达纲领批判》单行本由人民出版社出版发行，此后，市面流通的《哥达纲领批判》版本，基本为中央编译局译本。为向国内学者提供权威的版本资料，进一步推动《哥达纲领批判》的研究，中央编译出版社此次整理出版了《哥达纲领批判》在全世界传播较为广泛的德文版、英文版，以及1949年前后中国出版的几个中文全译本。如有不当之处，敬请批评指正。

张远航

2024年5月

解放叢書
第一種

哥達綱領批評

馬克斯著
李春蕃譯

導言

這現在方才印行的手稿、和致白拉克Bracke的書信，是馬克斯一八七五年離哥達聯合會議 Gotha Unification Congress（註1）之期已沒有多少時候寄給白拉克的……哥達綱領既要在哈勒會議。Halle Congress（註2）上重新討論，我覺得若再把這重要的文書壓着不發表，那麼，過就在我了。

手稿尚有更大的意義。馬克斯對於拉塞爾在勞動運動中所引起的傾向，取何種態度，在這裏第一次明白地堅决地表示出來。馬克斯對於拉塞爾底經濟學說和其策略，所要說的話，盡在於此。

哥達綱領批評

解剖綱領之嚴刻，發表其分析底結果、暴露綱領草案底缺點，之一刻薄，過了十五年，已不至再傷任何人底感情。德國現在沒有眞實的拉塞爾主義者。在哈勒會議上，就是起草哥達綱領的人，也因它全不適用而不要它了。

但是，文句太過火的地方，我把他們删去，只要不損原意就得。删去的地方，都以點爲記。馬克斯若在，要發表這手稿，也必如此。然則他在一八七五年的時候，爲什麽用詞這樣過火呢？那時有二種情形，使他如此：第一，馬克斯和我，對於德國勞動運動，比對他國勞動運動，較爲密切熟悉；一看見德國勞動黨綱領草案，有這種明確的退步，自然就忍不住動氣起來。第二，那時離海牙國際會議才不過二

導言

年而與巴枯甯及其無政府黨——他們把德國勞動運動所發生的一切事情之責任，都歸在我們身上——之劇烈爭鬥還沒有息，我們自然以爲人家一定把我們看做哥達綱領草案底秘密的父親。現在時勢既已不同，那些過火的地方，就好删去了。

有幾處地方，因出版法的關係而删去。有幾處我代以較溫私的文句，以括弧爲號。除此之外，一如其舊。

英格爾一八九一年一月六號於倫敦。

致白拉克書

親愛的白克拉：

附上綱領旁批，請你讀完後，就拿給該伯 Geib，奥爾 Auer，伯伯爾 Bebel，李普克尼希 Liebknecht 看。我事很忙，實已多於醫生所許可的。我本沒有興會來寫這樣長的議論，但要使黨內朋友對於我在將來將取的步驟不會發生誤解，又不得不這樣冗長地表示我底見解。……

……這是不能容許的，因爲在德國以外我們的敵人，很奇妙地說——其實是完全錯誤的見解，挨塞那哈黨 Eisenach Party（註3）底活動，是我們從倫敦秘密指導的。例如巴枯甯在近刊的俄文書中，……把挨塞那哈黨底所有綱領各物之責任，歸在我一人身上。……且，我有義務避去默認這我所視爲不完善的，且使我黨墮落的，綱領。

實際活動底每一步驟，比一打綱領還要重要。所以，若不能勝過挨塞那哈綱領（註4）——實在，那個時候的情形，使不能有這樣的進步。——那麽，只要對於抗禦共同敵人的行動，有一簡單的協定就得。若要作一涉及原理的綱領——不等聯合活動經過一定時期，才定綱領，做爲聯合活動的效果——即是在全世界之前，樹起測量我黨運動底範圍的界石。拉塞爾派首領因受環境之壓迫，而來與我們聯合。

致白拉克書

— 5

我們在初時若就對他們說：對於原理，是不能有所爭論的；那麼，他們迫於形勢，也只好以得一行動綱領或一聯合行動之組織計畫爲滿足。但我們不如此，却讓他們拿着其黨底訓令出席，再承認他們底訓令爲有效，而至於無條件降服於這比我們次得多的勢力。甚至，拉塞爾派在開妥協會議之前，先自己開一次會議，而我們却等到妥協會議開好後，才召集自己的大會。……我們都知僅聯合此事實，就使工人滿足，但我們若以爲這暫時的成功之代價並不甚大，那就錯了。

這綱領對拉塞爾派以外的人，完全是沒有價值的。……

祝你好！

你底馬克斯。

德國勞動黨綱領旁批

一

1.『勞動是一切財富和一切文明之源；且因單在社會內和單依社會，人才能做有用的工作，所以，社會中人人都有領有其勞動生產品底全部之平等的權利』。

此條底第一部：『勞動是一切財富和一切文明之源』。

一切財富之源，不單是勞動。天然也是使用價値——物質的財富，就是使用價値組織成功的——之源。且勞動自身，也不過是天然力——人類勞動力——之表現。兒童的讀本，都有勞動是一切財富之源這麼一句話。這句話若是說「要有適當的材料和手段才能工作」這意思是沒有寫出來，留待人自己去領會，那麼還對。但社會黨底綱領，不應用這種資產階級的語法；不應毫不提及那句話底意義所依的條件。人要有了天然——一切勞動底工具、和一切勞動底材料之初源，——他底勞動，才生產出使用價値——即是財富。資產階級好稱勞動具有超乎天然的創造力，這是什麼緣故呢？因勞動雖具有超乎天然的創造力，但一定要憑藉天然，才能有爲。勞動既然是靠着天然，那麼，除自己的勞動力之外別的東西一點都沒有的人，不論社會和文明在哪種狀態，總是要爲擁有物質的材料——勞動若沒有這些材料就不能——的人之奴隸。無產的人，只能工作，所以，只能過痛苦的生活。

這原則是否正確，暫且不提。現試問從這原則，應演譯出什麼結論？顯然是：

『勞動既爲一切財富之源，那麼，社會中不論哪人，若不勞動以得其生產品，就不能取有財富。所以，不勞動的人，都是依他人底勞動而生活；所享受的文明，係犧牲他人底勞動而得的。』

但綱領並不從第一原則演譯出這結論；却用『且因』這接續辭，引出第二原則來，然後再從之演譯得結論。

此條底第二部：『單在社會內和單依社會，人才能做有用的工作。』

照第一原則，勞動既爲一切財富和一切文明之源，那麼，沒有勞動，就沒有社會了。但現在反說沒有社會，就沒有有用的工作。

可是，人家也可以跟着這樣子說：單在社會內，無用的工作，和甚至有害的工作，方能在工業中占一地位；單在社會內，人方能不做工而生活，；換言之，可以把盧梭底學說，再全述一遍。

且，什麼是「有用的」工作？這名詞之意義，只說那種工作是具有一所欲的有用的目的。然野蠻人——總從猿進化出來的人——拿起石頭打死動物，伸起手來摘取果實，也就是做了有用的工作。

第三，將其結論研究一下：「且因單在社會內和單依社會，人才能做有用的工作，所以，社會人人都有領有其勞動生產品底全部之平等的權利。」

好一個結論！若是人單在社會和單依社會才能做有用的工作，那麼，勞動底生產品就屬於社會；而所有的生產品，除去維持工作底「條件」——卽是社會——所需之後，剩餘的方才歸工人。

擁護現代社會制度的人，就常這樣主張。他們說：第一要維持政府及其一切附屬機關；因「政府是維持社會秩序的社會工具」。其次要維持各種私有財產；因「各種私有財產是社會底基礎」。此外還有許多。可知：這類空洞的話，是可以任意顚倒。

此條底第一部與第二部，要有點合理的關聯，則應如斯解釋：

「勞動僅爲社會的勞動——或僅在社會內和僅依社會，才成爲財富和文明之源。」

這原則很是不錯。孤獨的勞動——有了適當的物質的條件——雖能夠生產使用價值，但不能產出財富文明。

下面這原則，也是很對的：

「勞動經社會的發展，而成爲財富和文明之源；在工人方面，貧乏和悲苦就跟着發展，在非工人方面，財富和文明跟着發展。」

這是歷史底千古不變的法則。所以，與其空說一般的勞動怎樣，一般的社會怎樣，則不如分分明明地證明現代資本主義社會中，怎樣終局要發生出許多物質的條件及其他條件，使工人能有所藉口來咒詛現代社會，且使工人不得不咒詛現代社會。

總觀全條，在外表上、內容上，都有許多缺點。然則爲什麼要採用？其目的完全是要以拉塞爾 Lassalle 派「勞動全收權」這口號爲勞動黨底標語。「勞動的生產品」、「平等的權利」這一類的話，後而還有引述，到彼處再說。

2.「在現代社會中，勞動機關爲資本階級所獨占。所以，勞動階級一定要依靠着資本階級。勞動階級之貧乏，之爲人奴役，原因卽在於他們不得不依靠資本階級」。（註6）

這本是抄自第一國際底規約，然因修改而陷於錯誤。

在現代社會，勞動機關爲地主與資本家所獨占，——土地獨占實爲資本獨占底基礎。第一國際的規約這一節，並沒有直接說出獨占勞動機關是哪階級，只說「勞動機關——卽生活之源——之獨占」。但

『生活之源』這幾個字，已够表示土地也是包含在勞動機關之內了。

修改之原因，是拉塞爾單攻擊資本家而不攻擊地主。英國資本家自有其廠地的，是極少極少。

3.『謀勞動之解放，最要是：收勞動機關為社會共有財產，協同管理全社會的勞動，公正分配勞動底生產品』。

什麼是『勞動底生產品？』是生產品實物呢？抑是生產品底價值呢？若是生產品底價值，那麼，是其全價值呢？抑是勞動所添加的價值呢？

『勞動底生產品』這空洞的名詞，拉塞爾用以代替在經濟上有較準的意義的名詞。

什麽是「公正的分配」？

資產階級對於現代的分配方法，豈不是很滿意而認爲「公正的」嗎？且在現代的生產方法之基礎上面，這種分配方法，豈不是在事實上爲唯一「公正的」方法嗎？經濟的條件，爲立法的條件支配呢？抑立法的條件，爲經濟的條件底結果呢？再，社會主義各派，對於「公正的」分配，意見豈不是頂複雜的嗎？

我們若要懂「公正的分配」這名詞是什麽意思，就應把第一條的話與第三條的話，對照一下。第三條說：「收勞動機關爲社會共有財產，協同管理全社會的勞動」，而第一條說：「社會人人都有領有其勞動生產品底全部之平等的權利」。

「社會人人」是怎樣講？是不是包含非工人在內？若然，則「勞動全收權」怎樣講？抑是單指社會內做工的人，若然，則「社會人人都有平等的權利」怎樣講？

所謂「社會人人」所謂「平等的權利」，顯然都不過是裝飾之詞；其本意是說：在這共產主義的社會，每一個工人都一定要取得拉薩爾所主張的「勞動生產品之全部」。

「勞動底生產品」這名詞，現若解釋爲生產品實物，那麼，協作的勞動所生產的物品，就全部是社會的生產品。

這社會的生產品，應拿出一部分來：

第一，修補生產機關。

第二，擴張生產。

第三，準備爲天災地禍擾及生產時之川。

在經濟上看起來，從「勞動生產品底全部」減去這一部分，爲上列之用，是必要的。至於應減去幾多，是按照各種情形而定。預測全社會的勞動可生產出物品若干，再預測第一項、第二項、第三項所需的若干，然後算定。但是，計算時一定絲毫沒有「公正」這觀念。

剩下的生產品，才是用於消費的。

但在分配給個人之前，還要拿出一部分來，爲：

第一，管理底一般用費——不屬於生產工作所必需的直接川費。所費比現代社會來得少，且隨着新社會之發展而繼續減少。

第二，滿足某種共同要求——如教育、公共衛生、等。所費比現代社會來得多，且隨新社會之發展而繼續增加。

第三，維持不能工作的人之生活，即等於現在所謂「貧民救濟費」。

然後才談得到綱領——因受拉薩爾派之影響而致眼光狹小——所注視的「分配」；才談得到怎樣處置要分給工人的消費物品。生產者底勞動生產品，有一部分被拿去爲社會公共之用。雖然從社會直接或間接取償回來，但「勞動生產品底全部」已顯然減爲「勞動生產品之一部」了。

「勞動生產品底全部」這名詞，一分析起來，就不能存在。「勞動底生產品」這名詞，也是如此；若再分析，也就不能成立。

　　建築在生產機關共有之上的協作的社會內，生產者不以自己勞動底生產品互相交換。製造某一生產品所費的勞動，也不作那生產品底價值，卽不爲那生產品所具的一種物質的品質。因現與資本主義社會的情形不同，勞動者個人的勞動，已不間接存在，而只直接構成全社會的勞動之一了。所以，「勞動底生產品」這名詞，毫無意義，就是現在，也已因其意義曖昧而受人反對了。

　　這裡所說的共產主義社會，不是從自己獨立的基礎發長出來的共產主義社會，而是從資本主義社會生長出來的共產主義社會。在經濟上、道德上、和智識上各方面，都尙留有舊社會底缺點。每一生產者爲社會所做的工作，除拿出一部分爲社會公用之外，都從社會取償回來。他所給社會的，是他底勞動量，社會各個工人所做的工作時間，合起來就成爲社會的工作時間。每一生產者底個人的工作時間，就是他在社會工作時間中所占的那一部分。他領得一證劵，證明他做了那麽多的工作——減去爲社會公用所做的。然後到公店，將這證劵換取等量的消費品。他爲社會公用所做的工作量，也以別一形式取回來。

這是相等價値之交換，故也與商品之交換，同一道理；不過是因爲社會底各種情形已經改變，除自己的工作之外，沒有別的東西可給人家，且除個人消費物品外，不能爲個人私有，交換底內容、形式，都不得不改變吧。所以，生產者間互相交換其消費物品，與價値相等的商品之交換，其理由實一；即以此形式的工作量與他形式的相等的工作量交換。

社會還是以權利平等——資產階級的權利——爲原則，不過理論與實行，已合而爲一，價値相等的商品之交換，是普遍的方法，而不是個別的方法。

這比在資本主義社會下，雖已進步許多，然尙跳不出資產階級之界限。生產者所得的權利，與他所做的勞動成正比例。所謂平等，即是以一標準——勞動來繩社會全體。

然身體有强弱，資質有聰鈍。强者智者在一定時間工作，效果必多於弱者鈍者；且强者定能比弱者繼續做多幾點鐘工作。若以勞動爲準繩，那麽，對於勞動底效率，勞動底長短，自在應顧之列；因若不如此，就不能成爲標準。所以，平等的權利，就是不平等的工作得不平等的權利。社會雖人人爲工人，沒有什麽階級的區別，但旣默認不平等的天資和不平等的能力，那麽，天資、能力過人的人，就有過人的權利了。所以，平等的權利，在實質上，是不平等的。

權利在本質上，僅爲使用一律的標準。然而要以平等的標準來繩不平等的個人，——其所以不平等，不過是因爲他們不是一個人——那麽，只能從一角度去觀察不平等的個人，單看他們之某一方面。把他們都一律視爲簡單的工人。別的品質，一概不管。工人有的已婚，有的未婚，有的無子，有的多子。假若做等量的工作，得等量的消費品，在實際上，一定有人比他人獲得多，有人比他人充裕。若要免去這些弊害，權利就不應爲平等的，而應爲不平等的。

然而在共產主義社會底第一階段，這些弊害，是不能避免，因爲共產主義社會剛才從資本主義生出來。社會底經濟構造、和從之而生的社會底文化發展，達到哪地步，權利就只能跟到哪地步，不能越過分厘。

在共產主義社會底較高階段，工人在分工下所受的奴隸的束縛消滅，勞心與勞力因之沒有區別；勞動不單爲謀生之手段，而爲生命底第一欲求；社會的生產力之增大，與社會底個人在各方面之發展成正比例；——然後，才能跳出狹小的資產階級的眼界，然後，社會才能在它底旗幟上寫着：「各盡所能，各取所需。」

我對於「勞動生產品之全部」、「平等的權利」、和「公正的分配」說了這許多話，目的是要指出：第一，强以過時的、毫無意義的學說，爲我黨之信條；第二，圖拔除去堅植於我黨黨員底腦子中的現實觀念，而代以權利、平等這一類的空想；（權利、平等，都是民主黨和法國社會民主黨所最喜歡說的。）——都是何等沒有意義。

且，重視分配過於其他問題，實極錯誤。

不論在什麼時候，消費物品底分配，不過是那時代的生產機關底分配之結果。生產機關底分配，又爲那時代的生產方法底特質。試以資本主義的生產制度爲例。它底基礎，爲：生產底物的條件，在非工人——資本家和地主——底手裏，而平民所有的，爲生產底人的條件——勞動力。生產底要素，既如此分配，自然就生出現在這種消費物品底分配制度。設若生產底物的條件，爲工人底共有財產，那麽，消費物品底分配制度，就一定不會和現在一樣了。但資產階級的經濟學者，謂分配問題，可離生產方法而獨立研究。空想的社會主義者，奉之爲天經地義。有一部分的民主黨員，又再從空想的社會主義者抄去。因就推度謂社會主義是專重討論分配問題的。然生產與分配之關係，其實質早就既顯且明，我們又何必再跟他們一樣呢？

「勞動之解放，應勞動階級自己去做。與勞動階級對峙的一切其他階級，構介爲一反動派」。

此條前半係抄自第一國際底規約之頭句，而加修改的。第一國際底條文原爲：「勞動階級之解放，是要工人自己起來做的」。可是，綱領中的修改句子是怎樣？「勞動階級」要解放——什麽？「勞動」。這只有他瞭解，此外誰能懂呢？

前半雖壞，但後半更糟。後半就是拉塞爾派的話：「與勞動階級對峙的一切其他階級，構合爲一反動派」。

共產黨宣言有一段說：「現在與資產階級對峙的各階級中，只有這無產階級，才算得眞正的革命階級。別的階級都隨着大工業之發展而衰頹消滅，唯有這無產階級，是大工業的特產」。

資產階級是大工業的擁護者，爲與封建貴族和中等階級——他們要維持爲古代生產方法之產物的社會的地位——對峙的革命階級。所以，封建貴族和中等階級，混合爲一反動派。

無產階級爲與資產階級對峙的革命階級，無產階級發長於大工業之上，努力要將生產所具的資本主義的特質除去；而資產階級却欲維持那種特質。但共產黨宣言又說：『中等階級若覺得自己將墜入無產階級時，也會革命』。

這樣看起來，斷定中等階級將與資產階級、封建貴族「構合爲一反動派」來與勞動階級相對峙，也是謬誤的。

近來選舉競爭的時候，我們當對獨立的手工藝者、小製造家。和農民說：『你們與資產階級、封建貴族、構成爲一反革命派，來與我們相對峙」嗎？

「但拉塞爾是很懂得共產黨宣言，有如拉塞爾底信徒之極拉塞爾自己的神聖的著作。他之所以亂改共產黨宣言是爲要掩飾他與專制主義者、封建貴族之聯盟——他底對抗資產階級的聯盟。

往下又再復加上 拉塞爾式的話，此種話 斷然不會不合 俾斯麥的。……

5.『勞動階級應先在現代國家之範圍內努力活動，以謀自己的解放。各文明國底工人，都這樣努力。同時，盡由這種努力底必然的效果，一定爲世界人類底親愛」。（註8）

拉塞爾從最狹小的國家主義的立足點去考慮勞動運動。這實與共產黨宣言及以前的社會主義相違。

勞動階級要鬥爭，一定要把本國的勞動者團結做一個階級，而在本國進行階級戰鬥。在這種意義上，階級戰鬥是國家的。但，這並不是說階級戰鬥底實質是國家的，而不過如共產黨宣言所說，在形式上爲國家的。且『現代國家之範圍』——如德意志帝國——它自身在經濟上，是在世界市場之範圍內，在政治上是在國際團體之範圍內。就是德國商人，也知德國的商業同時爲國際的商業。俾斯麥之偉大，即在於他底政策底類國際性。

德國勞動黨底國際主義，降低到什麼地步呢？降低到爲承認「其努力的效果，將爲世界人類底親愛」。德國勞動黨從資產階級的和平與自由聯盟 League of Peace and Freedom 抄了這句話，要來代替國際勞動階級在共同對統治階級及其政府作戰時的親愛，至於德國勞動黨在國際上的任務，却一字不提！這就是德國勞動黨攻擊本國的資產階級和俾斯麥底國際陰謀政策所採取的態度！但它本國的資產階級，已與他國的資產階級很密切地聯合來攻擊工人了！可見德國勞動黨底國際意識，還不如德國資產階級！

德國勞動黨底綱領之國際主義的意識，實在是比自由貿易黨低得多。自由黨也謂「世界人類底親愛」，爲他們努力底目的。且在實際上確嘗盡力去把商業改變爲國際的，决不滿於各國僅在自己國內進行商業。

勞動階級之國際的活動，決不是有第一國際之後才有的。第一國際不過是各國勞動者第一次企圖建立中央機關以指導國際活動而已。第一國際雖隨法國共產團之失敗而消滅，但創建第一國際時所起的衝動，却產出永久的效果。

俾斯麥在北德新聞 Norddeutsche Allgemeine Zeitung 上說德國勞動黨在新綱領中已捨棄第一國際是不錯的呵。

二

「依據這些原理，德國勞動黨以一切合法的手段，努力創造一自由的國家，建造一社會主義的社會；努力推翻工錢制度及其工錢鐵則，推翻一切的掠奪；努力廢除各種社會上政治上的不平等」。(註9)

哥達綱領批評

關於「自由的」國家之問題，我往後再說。德國勞動黨今後就應信拉塞爾之「工錢鐵則」了！綱領說什麼「推翻工錢制度及其工錢鐵則」，意義非常曖昧。(工錢制度應說為工錢勞動制度)。設若我們廢除了工錢勞動，工錢定則自然也就廢除去了。不管那定則是鐵的或是海綿的。然而拉塞爾對於工錢勞動的攻擊，却完全在於工錢鐵則，綱領上說：推翻工錢制度及其工錢鐵則——不是不及其工錢鐵則；可知拉塞爾派是勝利了。

拉塞爾底工錢鐵則，這個鐵字，係仿哥德(Goethe)底「偉大的不滅鐵則」。這「鐵」字成為一種標記，凡川這個字的，就是正教徒。我們若信拉塞爾底工錢鐵則，就應信着鐵則所依據的基礎。其基礎是什麽？拉塞爾死後，有一人口論信徒則格Lange（註10）說：工錢鐵則底基礎，就是馬爾薩斯Malthus底人口論。若馬爾薩斯底人口論是對的，那麽，就是我們很要廢除工錢勞動！也不能推翻這工錢法則；因爲此種法則所支配的，不單是工錢勞動制度，而是一切社會制度。這五十多年來的經濟學者，常都站在馬爾薩斯底人口論這立足點，來證明貧乏是一種天然的現象；所以，社會主義並不能除去貧乏，僅把貧乏普遍於衆人，把全社會都陷於貧乏而已！

上面所說，並不是主要的地方。綱領字裏行間的巨大退步，不在於拉塞爾這錯誤的定律，而在於：

拉塞爾死後，我們黨內有一種科學的信仰，謂勞動底工錢，不是勞動底價値或勞動底價格，而只爲勞動力底價値或勞動力底價格之假形。工錢勞動者必要拿一部分時間，來做對資本家和其他消費剩餘價値的人有利、但對自己毫無效果、的工作，然後才能爲他自己的生活——卽謀生活——而勞動。所以，資本主義的生產制度，全部靠着擴大這種無報酬的工作。擴大的方法，或爲延長工作時間，或爲增加生產力。所以，工錢勞動這制度，是一種奴隸制度。奴隸制度之殘刻，與勞動底社會的生產力之發展，成正比例，不管勞動者所得的報酬是增加抑係低減。此種事實，現已極明顯。所以從前對於勞動底工錢之一切資產階級的學說及其批評，全部推翻，此種科學的信仰，現方極快地得我黨黨員之深信，而我們爲何却反退後接受拉塞爾底學說，——

——拉塞爾顯然是不知勞動底工錢，實爲何物，唯跟着資產階級的經濟學者，把工錢底外表，當做工錢底實質。

這好比：有一羣奴隸，後來瞭解奴隸制度底意義，就起來革命。其中有一奴隸，他底思想，尙爲從前的眼界所支配，在革命之綱領上寫着道：奴隸制度非廢去不可；因在奴隸制度中，奴隸底價錢，總是極少得可憐呀！

我黨底代表，定出來的妥協的綱領，主張竟與黨員一般的意見，相離極大。眞不知他們在起草的時候，是怎樣輕浮的？

此條以「廢除各種社會上政治上的不平等」作結。其實他們不應說這種空空洞洞的話，而應說：廢除階級區別，從這些區別所生出來的一切社會上政治上的不平等，就自然跟着消滅。

三

『德國勞動黨要求設辦生產合作社，由國家資助，而在勞動民衆底德謨克拉西的支配之下，以謀社會問題之解決。在工業和農業中，應設辦許多生產合作社，爲將來的「集合勞動底社會主義組織」之基礎』(註11)

在『工錢鐵則』之後，就跟着這先知者拉塞爾底萬應藥！不說：『現代階級戰鬥』，而說爲『社會問題』。又『謀』社會問題之『解決』。集合勞動底社會主義組織，不是發生於社會推移底革命的行程，而發生於設備生產合作社的『國家資助』。合作社之設辦不由工人，但由國家。拉塞爾以為用政府公款來建築一新社會制度，和用政府公款來建築一條新鐵路一樣容易。這種觀念，眞值得拉塞爾幻想呵！

這種「國家資助」又要放於「勞動民衆」底德謨克拉西的支配之下；那眞很……可恥。

第一，德國底「勞動民衆」，農民是多於無產階級（工人）。

第二，「德謨克拉西」俗卽是「人民統治」。但「勞動民衆底人民統治的支配」是什麽意思？且，這種勞動民衆，看他們要求國家資助，就知他們沒有統治的能力，而獲得統治權的時機還沒有成熟！

在菲律 Louis Phillippe 時代，步社 Buchez 起草了一個實現社會主義的方案，與法國社會主義者一般的願望是大相反的，但被那些辦工

37

塲 L, Atelier（註12）的反動的工人所採用。這里用不着來批評牠。且我們所最反對的，不在於綱領採進了這一萬應藥，而在於一普遍的錯誤，即：從階級運動底立足點，退至分派運動底立足點。

我們說工人要把協作的生產底條件，創立在社會的基礎上，和先在國家的基礎上，是謂他們努力改變現代的生產制度，决沒有一點同於由國家資助設辦合作社爲基礎。就將現在合作社來說，其所以有價值，是因牠們純粹爲勞動階級所獨自創造，而不是因其爲政府所保障、受資產階級所愛護。

四

現到德讀克拉西之部了。

德國勞動黨綱領旁批

A.「國家底自由的基礎」。

第二節謂德國勞動黨底目的，是在於建立「自由的國家」。

自由的國家——是什麽？

眼光遠大的工人，他們底目的，决不會在於使國家自由。德國底國家，差不多與俄國底國家一樣自由。且自由是把國家從爲支配社會的機關，變做被社會所支配的機關。今日的國家底形式，是否自由，完全看社會限制「國家底自由」是否成功。

德國勞動黨採用這種綱領，可知他們不把現代社會看做現代國家底基礎，（換言之，不視將來社會爲將來國家底基礎）。而看國家做一獨立的東西、有它自己精神的、道德的、和自由的基礎。

39

「現代國家」「現代社會」這二個名詞，都被誤用。但更大的錯誤，是它對於國家——綱領對國家有好多要求——之觀察。我們現在重新研究一下：

「現代社會」就是資本主義的社會。現在各文明國都行着資本主義的制度，都脫離中世紀的混合物，都受各地底特殊的歷史的發展之影響而變狀，都已發展；不過程度不同而已。但「現代國家」却就一國一國不同。所以，「現代國家」是一杜撰的話。

各文明國底國家，在形態上雖極差異，但有一共同要素，即：都是建築在近代資產階級社會——不管其資本主義之發展程度如何差異——之上。所以，它們具有許多共同的根本特質。在這種意義上，我們可說「現代的國家制度」，以別於將來的國家制度——即資產階級社會(現代國家底根基)消滅之後的國家組織。

因此，就發生一個問題：在共產主義社會內，國家制度將怎樣變革；換一句話說，在共產主義社會中，還有什麽類於現代國家底職能？要回答這個問題，只有應用科學的方法，不是單把「人民」與「國家」聯在一處，所能解決。

資本主義社會與共產主義社會之間，有一從前者推移到後者之革命的變革底時期。政治上也跟着有這樣的過渡時期。在這過渡時期的國家，只能爲無產階級底革命的獨裁制。

但綱領對無產階級底革命的獨裁制及將來的共產主義社會底國家

組織，絲毫沒有提及。

政治上的要求，不過是些陳腐的德謨克拉西的話：普通選舉、直接立法，國民權利、民軍、等。完全雷同資產階級政黨——和平與自由聯盟——底要求。這些單純的要求，都早已實現；不過實現的地方不是德國而是瑞士和美等國吧。這種『將來的國家』，是現代的國家：只是在德意志帝國範圍之外。

且有一點被忽視。德國勞動黨既公然宣言它是在『現代國家之範圍內』努力活動。所謂現代國家，是指其本國——德意志帝國（若不是指本國，所提出的要求，就都沒有意義，因別處已實行，用不着要求了）。那麼，就不應忘這種重要之處，卽：這些要求，是基於人民主權，所以，只在德謨克拉西共和國才能實現。

法國工人，在菲律和拿破崙第三 Louis Napoleon 專制政治之下，要求德謨克拉西共和國，結果如何，我們是看得出的。所以，要求時應十分小心。有許多東西，在德謨克拉西共和國中才能求得到；那麼，最好不要對一軍閥專制政治——為警察所護衛、分部政治所合成；雖還剩有封建混合物，但已為資產階級勢力所轉移，為議會制度所掩飾——的國家，假提出這些要求。

有些人視德謨克拉西共和國，為人類底黃金時代，而從沒有認識階級戰鬥只在此種資產階級社會在政治上的最終形式中才作最後的決戰。就是這種陳腐的得謨克拉西，比那不跳出警察統治這圈子的、在理論上爲不可能的、德謨克拉西。已高出萬萬了。

綱領中又說什麽「德國勞動黨要求：以單一累進率所得稅，爲國家底經濟的基礎」；可知起草綱領的人，說「國家」時，實是指政府機關或是指「因分工而與社會分離，成爲一特殊機體」的國家了。租稅只爲政府機關底經濟的基礎，而不能爲國家底經濟基礎。且所謂將來底國家，如現在的瑞士國家，此種要求，已大部分施行。但所得稅是先假定進款底各根源爲社會底各階級所私有；卽先假定那時社會是資本主義的。所以，無怪利物浦金融改良者協會 Financial Reformers of Liverpool —— 葛拉德士吞W. E. (Gladstone)底兄弟(Rodertson (Gladstone))所領導的資產階級團體——所提出的要求，竟與德國勞動黨底綱領所提出的相同。

B.「德國勞動黨提出下列要求，爲國家底智識的和道德的基礎：

1.「國家設備普遍的和平等的國民教育，入學爲國民之義務，但學校不收費」。

平等的國民教育？這句話是什麼意思？在現代社會，一切階級底教育，我們相信其能平等嗎？抑或這要求是謂强制上層階級只能得國民小學所授與的那一點教育，只能得農民和工錢工人底經濟能力所容許農民工人所得的教育呢？

「入學爲國民義務，但學校不收費」。義務教育，德國早已施行；免費教育瑞士和美國底小學校，也已施行。假使美國有幾邦中高等教育，也是免費，但究竟是爲上層階級底利益，不過把高等教育底經費，叫公衆拿出來吧。在A5那一段所要求的「裁判免費」，也是這麼一回事。刑事的裁判，不論在什麼地方，都是免費的。民事的裁判，則差不多完全是關於財產的涉訟；所以，只是關於資產階級。此種要求，是否要資產階級訴訟之費用，也由公家付出？

關係教育這一段，至少也應要求技術學校——理論的和實際的——與國民小學同樣免費。

我們應毅然決然拒絕「國家設備國民教育」。供給國民小學用費，規定教員的資格，編制課程，派視學員來看學校是否遵守國家命令——執行此種職權，與以國家爲人民的教育者，完全不同！政府與教會都應與教育分離。且德國的國家，反應受人民之教呢。

綱領全部，除了說些德謨克拉西之響話之外，復深受「拉塞爾派對於國家的信仰」之毒。再壞的是復與德謨克拉西的荒唐信仰調合為一。那二種信仰，都與眞實社會主義距離八萬九千里。

「科學底自由」為普魯士憲法條文之一，我們在這里為什麼用着攻擊呢？

「良心的自由」。假如現在是反抗天主教會底權力之時候，就好把自由黨的舊口號，重新提出來——要這樣說才有力：「宗教的……「事」，應隨各人之所欲而行，警察不應干涉」。勞動黨應利用這個時機發表它底意見，謂資產階級之「良心底自由」，不過是容許各種良心的宗教的自由，而勞動黨的目的却在於：使人類底思想，從一切宗教怪物解放出來。可是，起草綱領的人，却不要跳出「資產階級」的水平線。

我的評註，現將告終，因其餘都不是重要的，只附片言隻字就得

2.「經常的工作時間」。

除了德國勞動黨之外，沒有別一國的勞動黨，其要求是這樣空洞。他國勞動黨，都說出一工作時間的長度，是它在現代情形之下所視爲經常的。

3.「限制婦女勞動和禁止兒童勞動」。

規定經常的勞動時間，限制婦女勞動的工作時間、中間休息，自

然是在內的。若「限制婦女勞動」這句話的意思不止此，那麼，就只能解釋做禁止婦女從事於對婦女健康特別有妨礙的工業、對婦女道德特別有危險的工業。 若起草綱領的人，是有這意思，就應明白說出來。

「禁止兒童勞動」！但指出年齡界限，是絕對少不了的。

全然禁止兒童勞動，為大工業所不許。所以，這不過是一空望。就是能施行，全然禁止兒童勞動，也為反革命的。蓋各種年齡的人底工作時間若嚴密規定，和再採用其他保護兒童勞動的適當方法，使工人少時就從事生產工作，輔之以教育，此為變革現代社會最有力的手段。

4『國家監察工廠、工場、和家庭工業』。

我們對於德國的國家，應明確地要求：監督者之罷免，須依法律規定；監督者若失職，工人有權告發；監督者應具有醫生的資格。

5『規定監獄勞動』。

在一般勞動綱領中，這是頂小的要求。不論如何，勞動黨應明白地說：勞動黨不欲見普通的犯人，被人看做畜生，尤不欲見犯人的改善之唯一手段——生產的工作——被奪去。此爲我們能從社會主義者期望得的最少限度。

6『有效的雇主責任法』。

『有效的』雇主責任法是什麽，應說再明確些』。

起草綱領的人，當論及經常勞動時間之問題時，把工廠法之關於工廠衛生、傷害保護等事的部分，都忽視過去，但雇主責任法，僅雇主違犯了上述那些規定的時候，方才適用。……………

「我話已說了，救了我底精神」，

——完——

附注

（註1）這會議在哥達開會，從一八七五年五月二十二日至二十七日。目的是要把拉塞爾派與社會民主黨合而爲一，使德國工人聯合起來，組成一抗禦政府壓迫的更有力量的戰線。

（註2）哈勒會議是在一八九一年召集的，以修改勞動黨的綱領。這年十月，又開耶爾福會議Erfurt Congress

哥達綱領批評

（註3）德國勞動階級團體聯盟 Leagwe of German Workingcla—ss AssoCrations 於一八六九年在埃塞那哈 Eisenach 改組爲社會民主勞動黨 Social Democratie Labowr Party。馬克斯派分子最占優勢，故綱領具極濃厚的馬克斯主義的意味。

（註4）因需要着妥協，使與拉塞爾派互相瞭解，致大會不能採用一純粹馬克斯主義的綱領。

（註5）哥達會議所採用的本文，爲：「勞動是一切財富和一切文明之源，且因單依社會，人才能做一般有用的工作。所以，勞動生產品之全部，屬於社會——即社會全體。人人有滿足其正當需求的平等權利——人人也一律有勞動之義務」。

德國勞動黨綱領旁批

（註6）此條哥達會議採用的，與草案一樣無二。
（註7）哥達會議所採用的，爲：「謀勞動者之解放，故要求：收勞動機關爲社會共有財產，協同管理全社會的勞動，爲公同利益使用，或公正分配勞動的生產品」。
（註8）哥達會議修改這一條做：「德國社會主義勞動黨雖先在國家範圍內努力活動，而很知道勞動運動之國際的性質，決盡工人所負的一切義務，以促人類親愛之實現」。
（註9）哥達會議所採用的是：「依據這些原理，德國社會主義勞動黨以一切合法的手段，努力去創造一自由的國家，創造一社會主義制度的社會；努力廢除工錢勞動制度以毀滅工錢鐵則；和

廢除各種社會上、政治上的不平等」。

（註10）朗格著有唯物論之歷史History of Materialism。

（註11）哥達會議只把頭一句改爲：「德國社會主義勞動黨」。

（註12）工塲是在菲律時代之末年在巴黎出版的自稱爲「完全由工人編輯的勞動階級的特殊言論機關」的刊物。擁護步社之主張。

中華民國十四年八月印行
中華民國十五年一月再版
每冊實價大洋一角三分

著者 KARL MARX
譯者 李春蕃
印刷及發行者 解放叢書社
總經售處 上海書店
分售處 各省書店